AF363924

ALLOCUTIONS

PRONONCÉES

Par Monsieur le pasteur Jules AESCHIMANN fils

LE 22 NOVEMBRE 1889

AU TEMPLE PROTESTANT, A LYON

ET

AU CIMETIÈRE DE SAINT-CYR-AU-MONT-D'OR

pour les Funérailles

DE

Mademoiselle Jeanne-Gabrielle HOUBER

> Ne pleurez pas, elle n'est pas morte, mais elle dort.
> SAINT LUC, VIII, 52.
>
> Heureux ceux qui ont le cœur pur, car ils verront Dieu.
> SAINT MATTHIEU, V., 8.

LYON
IMPRIMERIE MOUGIN-RUSAND
5, Rue Stella, 5

—

1889

ALLOCUTIONS

PRONONCÉES

Par Monsieur le pasteur Jules AESCHIMANN fils

LE 22 NOVEMBRE 1889

AU TEMPLE PROTESTANT, A LYON

ET

AU CIMETIÈRE DE SAINT-CYR-AU-MONT-D'OR

pour les Funérailles

DE

Mademoiselle Jeanne-Gabrielle HOUBER

Hommage et souvenir de la famille HOUBER,
si cruellement éprouvée et qui a été vivement touchée de votre témoignage de
sympathie.

A M

Allocution prononcée au Temple.

Mes Frères,

L'ÉCRITURE nous rapporte que les amis de Job s'assirent auprès de lui, mais sans dire une parole, car ils voyaient combien sa douleur était grande.

En présence du cercueil renfermant les restes de cette jeune fille de vingt ans, parée des qualités les plus précieuses de l'intelligence et du cœur, enlevée dans tout l'éclat, dans toute la grâce de la jeunesse après de terribles souffrances, après une lutte opiniâtre contre la mort qui n'a pas voulu se laisser fléchir, nous serions tentés, n'est-il pas vrai, de rester devant nos amis, atteints dans les sources vives de leur âme, sans leur dire une parole, **tant** leur douleur est immense, et certes mieux vaudrait se taire que de leur apporter le tribut de consolations banales qui ne font qu'aviver la plaie. Mais nous serions les plus malheureuses des créatures si nous n'avions d'espérance que pour cette vie, et si nous n'avions à offrir à nos amis désolés qu'un silence glacial ou des paroles ne dépassant point notre terre misérable.

Que leur dirons-nous donc ? Leur dirons-nous de ne pas pleurer : oh ! ce serait cruel et contre nature ; non seulement nous comprenons leurs larmes, nous comprenons que leur cœur soit déchiré à la pensée de tout ce qu'ils ont perdu, mais nous mêlons nos propres larmes aux leurs ; oui, nous pleurons avec eux. Elle est bien sincère, profonde, universelle la sympathie que nous avons éprouvée pour eux lorsque nous avons appris cette mort si saisissante, et en ce moment même cette sympathie, n'est-ce pas, monte tout particuliérement ardente de chacun de nos cœurs vers les pauvres affligés.

Mais en même temps nous leur disons : Ne pleurez point comme ceux qui n'ont point d'espérances. Voici en effet : si toute chair est comme l'herbe et toute sa gloire comme la fleur de l'herbe, si l'herbe sèche et sa fleur tombe, la parole de Dieu demeure éternellement. Ne cherchez donc point parmi les morts celle qui est vivante. Dieu qui a ressuscité Jésus, l'a ressuscitée aussi par sa puissance, et Jésus qui nous dit : Il y a plusieurs demeures dans la maison de mon Père, est allé lui-même lui préparer la place. Encore un peu de temps et vous ne la verrez plus, un peu de temps encore et vous la reverrez. Oui, vous la reverrez, celle que nous remettons avec confiance entre les mains du Père, comme elle s'y est remise elle-même.

Dans ce Temple où elle vient aujourd'hui pour la dernière fois avec cet appareil funèbre sous le voile de la mort, elle avait promis, il y a peu d'années, sous le voile de jeune catéchumène, avec une ardeur joyeuse et une conviction pleine de sincérité, d'aimer Dieu de toute son âme et de toute sa pensée, de devenir une digne servante du Christ, et elle s'était efforcée sous le regard du Père et sur les traces de son Sauveur de tenir cette promesse sacrée. Elle avait nourri son âme de nobles pensées ; à cet égard elle a laissé à tous les

siens des souvenirs incomparablement précieux ;
la parole que vous avez lue sur la lettre funéraire :
Heureux ceux qui ont le cœur pur..., s'appliquait véri-
tablement à celle qui n'est plus ; son cœur en effet
ne connaissait point les détours ; elle avait adopté
pour devise: *Tout droit!* ceux qui l'ont vue de
près savent qu'elle ne l'a point fait mentir, cette
belle devise ; ils rendent témoignage à sa franchise,
à sa sincérité, à la loyauté de son caractère ; ils
savent aussi comme elle était heureuse de s'ou-
blier elle-même pour les membres de sa famille
au milieu de laquelle elle était une source de
paix et de joie profondes, ils savent qu'elle était
une amie sûre, ils savent qu'elle était empressée à
s'employer pour les petits, les faibles, les humbles
dont l'un me disait : *C'était une jeune fille comme il y
en a peu!* Lorsqu'elle a été atteinte de la maladie qui
l'a emportée, elle l'a acceptée avec une patience et
une douceur vraiment chrétiennes ; pendant le
répit, trop court hélas! et si trompeur que lui
avait laissé le mal, j'ai été vivement frappé de voir
avec quel sérieux, quel naturel, quelle élévation de
sentiments elle parlait des enseignements salu-
taires de l'épreuve ; puis, quand la maladie s'est
abattue sur elle plus redoutable que jamais, elle
n'a cessé, au milieu de ses nouvelles angoisses, de

s'attendre à son Dieu, elle l'a prié, elle a imploré son secours, et nous savons qu'elle s'est endormie dans ses bras paternels. Aussi, la contemplons-nous par les yeux de la foi qui se change en vue, qui transperce le sépulcre et triomphe des ténèbres de la mort, dans cette patrie où elle se repose de ses souffrances, où Dieu lui assure avec une jeunesse radieuse qui n'aura point de fin tous les rassasiements de joie promis à ses véritables enfants. Oui, nous la contemplons et nous l'entendons nous dire : Ne pleurez pas sur moi, je suis bienheureuse, je ne suis pas séparée de vous à jamais, je vous ai seulement devancés, et je vous attends.

Oh ! que cette perspective consolante de l'éternelle réunion permette à nos amis qui la pleurent, d'accepter avec une soumission filiale l'immense épreuve qu'il a plu à Dieu, dans ses mystérieux décrets, de leur dispenser; que le souvenir impérissable de celle qui n'est plus les attache de plus en plus au ciel, les fasse vivre toujours plus de la vie d'en haut, leur donne la force d'accomplir courageusement leur tâche de chaque jour, sévère maintenant, mais nécessaire pourtant et voulue de Dieu ; qu'enfin elle se réalise pour chacun d'eux comme pour chacun de nous la parole touchante qu'a prononcée cette chère enfant peu de jours avant sa mort : *Ceux qui vont au ciel envoient leur bénédiction à ceux qui restent sur la terre.*

Prions Dieu, mes frères, demandons Lui de recueillir les bénédictions de l'épreuve.

PRIÈRE

OUI, Dieu des miséricordes éternelles, console cette famille comme Toi seul peux consoler; console cette mère qui ne perd pas seulement une fille chérie, mais une confidente, une amie précieuse avec laquelle elle partageait jusqu'aux moindres peines et aux moindres joies de ce monde, cette mère qui jouissait avec un inexprimable bonheur des trésors de son cœur aimant et dévoué et dont aucune parole humaine ne peut dire la douleur. Console ce pauvre père que sa fille com-

prenait si bien, qu'elle entourait de l'affection la
plus délicate, la plus ingénieuse, qui, au milieu de
ses fatigues, de ses préoccupations les plus absor-
bantes, trouvait toujours en elle un appui et par
elle avait toujours l'âme réconfortée, éclairée,
réchauffée ; ce père qui pleure avec d'autant plus
d'amertume son enfant bien-aimée qu'il l'a crue
un instant à l'abri de tout mal, revenue à la pleine
santé ; console ce frère qui comprend maintenant
tout ce qu'était pour lui cette sœur si bonne con-
seillère, sans cesse préoccupée de son bien et de
son bonheur, l'enveloppant de sa constante solli-
citude. Console sa petite sœur, sur laquelle elle
veillait avec un soin si jaloux et pour qui elle
déployait les tendresses d'un cœur presque mater-
nel. Oui, console-les tous, unis-les de plus en plus
les uns aux autres, en les unissant de plus près à
Toi, Père céleste ; qu'ainsi ils comblent, autant
qu'il peut être comblé, le vide profond qui vient
de se produire autour d'eux. Console les parents,
les nombreux amis pour lesquels cette mort est
une épreuve ; console-nous tous, car nous avons
tous besoin d'être consolés, nous qui comprenons
d'une manière saisissante devant cette mort terri-
fiante et prématurée, que nous ne pouvons comp-
ter sur rien en ce monde, pas même sur nos affec-

tions les plus légitimes et les plus pures ; donne-
nous, en nous faisant sentir réellement la fragilité
de notre existence terrestre, de ne pas être assez
insensés pour sortir de ce Temple sans recueillir
l'avertissement solennel que tu nous adresses, et
détermine-nous, Toi-Même, ô notre Dieu, à vivre
sous ton regard, de la vie des justes, pour avoir
une fin semblable à la leur et pour ressusciter
dans ton Ciel. *Amen.*

Allocution prononcée sur la Tombe.

MES FRÈRES,

SI la mort est toujours un mystère, la mort d'une jeune fille de vingt ans et particulièrement de la jeune fille de vingt ans que nous accompagnons à sa dernière demeure terrestre est un mystère bien plus grand encore. Oui, il est mystérieux que cette existence ait été tranchée dans sa fleur, que cette lumière ait été si tôt éteinte; il est mystérieux que celle dont la vie semblait si nécessaire, si indispensable au bonheur de tous les siens, celle dont le cœur était si pur, si droit, si aimant, l'exemple si salutaire à tous, ait été emportée par une aussi terrible maladie; il est mystérieux qu'après avoir été préservée des périls de l'enfance, après avoir échappé, il y a une année, aux atteintes d'un mal des plus inquiétants, après avoir paru encore sauvée il y a quelques jours, elle ait été, au moment même où elle renaissait toute joyeuse à la vie et où le cœur de tous les siens débordait de bonheur et d'espérance, saisie par la mort impitoyable et couchée dans ce froid cercueil. Encore une fois, les jugements de Dieu sont impénétrables, mais ce qui est certain, c'est que, si douloureux qu'ils nous paraissent, ils sont pourtant paternels ; c'est qu'auprès du Père et auprès de ceux qu'Il a recueillis, nous verrons la lumière, le voile sera déchiré, nous reconnaîtrons que, quoi qu'il en soit, son amour et ses compassions sont par dessus toutes ses œuvres. Ce qu'il y a de certain aussi, c'est que Dieu veut nous faire trouver au fond de la coupe d'amertume les fruits de la justice et de la paix qui nous préparent à la justice éternelle et à l'éternelle paix.

Dans le moment de répit que lui avait laissé sa redoutable maladie et dont nous parlions tout à l'heure, celle que nous pleurons avait voulu essayer ses forces retrouvées, elle s'était mise à son piano et elle avait chanté de sa voix pure et pénétrante un morceau dont voici les dernières paroles, pa-

roles qui prennent en ce moment pour nous un
caractère singulièrement saisissant et émouvant :

Dans le cimetière aux murs blancs,
Faites, quand je serai sous l'herbe,
Qu'un de vos anges consolants
Me trouve assez mûr pour sa gerbe.

Oh! nous en avons la pleine assurance, tu as
été trouvée assez mûre pour la gerbe de l'ange
consolant, chère enfant, et nous te voyons dans
la paix, dans la lumière et dans l'amour qui n'au-
ront point de fin, faisant partie de l'armée céleste ;
tu donnes ainsi à chacun de nous un précieux, un
solennel enseignement que nous ne voulons pas
négliger ; nous voulons, nous aussi, être assez
mûrs pour la gerbe divine. Oui, nous faisons
tous, mes frères, n'est-il pas vrai, devant cette
tombe si éloquente, la sainte promesse de profiter
du temps que Dieu nous laisse encore, pour pas-
ser en faisant le bien, pour marcher fidèlement et
vaillamment, sous son regard, dans la pureté,
dans la droiture, dans la justice, afin de ne pas
être indignes, au jour où Il jugera bon de nous
rappeler à Lui, d'entrer dans la patrie où le péché,
ni la mort ne seront plus, où la foi sera changée

en vue, où l'espérance du revoir deviendra la pos-
session et où la charité se prolongera dans les pro-
fondeurs de l'éternité.

Que le Père céleste nous en donne la force,
qu'Il soit avec tous ceux qui pleurent, et particulièrement avec la pauvre mère qui a assisté par la
pensée et par le cœur à chacun des détails de cette
douloureuse cérémonie. *Amen*.

Typog. MOUGIN-RUSAND. — Lyon.